COMMENTAIRE PRATIQUE

DE LA

LOI DU 24 DÉCEMBRE 1897

RELATIVE AU

RECOUVREMENT DES FRAIS DUS

AUX NOTAIRES

AVOUÉS ET HUISSIERS

AVEC 4 FORMULES

PAR

CHARLES DEFRÉNOIS

AVOCAT A LA COUR D'APPEL

Secrétaire de la rédaction du *Répertoire général pratique du Notariat*
Auteur du *Traité-Form. du Contrat d'assurance sur la vie*,
du *Traité des Droits d'hérédité entre époux, des enfants naturels.*

———————— * ————————

PARIS

A L'ADMINISTRATION DU RÉPERTOIRE GÉNÉRAL PRATIQUE DU NOTARIAT
40, RUE D'ASSAS, 40

1898

COMMENTAIRE PRATIQUE

DE LA LOI DU 24 DÉCEMBRE 1897

RELATIVE AU

RECOUVREMENT DES FRAIS DUS

AUX NOTAIRES

AVOUÉS ET HUISSIERS

COMMENTAIRE PRATIQUE

DE LA

LOI DU 24 DÉCEMBRE 1897

RELATIVE AU

RECOUVREMENT DES FRAIS DUS

AUX NOTAIRES

AVOUÉS ET HUISSIERS

AVEC 4 FORMULES

PAR

Charles DEFRÉNOIS

AVOCAT A LA COUR D'APPEL

Secrétaire de la rédaction du *Répertoire général pratique du Notariat*,
Auteur du *Traité-Form. du Contrat d'assurance sur la vie*,
du *Traité des Droits d'hérédité entre époux, des enfants naturels.*

———— ✳ ————

PARIS

A L'ADMINISTRATION DU RÉPERTOIRE GÉNÉRAL PRATIQUE DU NOTARIAT
40, RUE D'ASSAS, 40

1898

LOI DU 24 DÉCEMBRE 1897

RELATIVE

AU RECOUVREMENT DES FRAIS DUS

AUX NOTAIRES, AVOUÉS & HUISSIERS

(Promulguée par l'insertion au Journal officiel du 27 du même mois).

TEXTE DE LA LOI

Art. 1er. Le droit des notaires au payement des sommes à eux dues pour les actes de leur ministère se prescrit par cinq ans à partir de la date des actes. Pour les actes dont l'effet est subordonné au décès, tels que les testaments et les donations entre époux pendant le mariage, les cinq ans ne courront que du jour du décès de l'auteur de la disposition.

Il n'est pas innové, en ce qui concerne les huissiers et les avoués, aux dispositions édictées par les articles 2272 et 2273 du Code civil.

La prescription a lieu quoiqu'il y ait eu continuation d'actes de leur ministère de la part des notaires, avoués et huissiers. Elle ne cesse de courir que lorsqu'il y a eu compte arrêté, reconnaissance, obligation ou signification de taxe, en conformité de l'article 4 ci-après.

Les articles 2275 et 2278 du Code civil sont applicables à ces prescriptions.

Art. 2. Les demandes en taxe et les actions en restitution de frais dus aux notaires, avoués et huissiers, pour les actes de leur ministère, se prescrivent par deux ans du jour du payement ou du règlement par compte arrêté, reconnaissance ou obligation.

Art. 3. Les notaires, avoués et huissiers ne pourront poursuivre le payement des frais s'appliquant aux actes de leur ministère qu'après en avoir obtenu la taxe et suivant les formes établies à l'article suivant.

La demande de taxe pour les notaires est portée devant le président du tribunal civil de la résidence des notaires, ou, en cas d'empêchement, devant un juge commis par lui. La taxe sera arrêtée conformément au tarif, s'il s'agit d'actes qui y sont compris, et, s'il s'agit d'actes non tarifés, suivant la nature et l'importance de ces actes, les difficultés que leur rédaction a présentées et la responsabilité qu'ils peuvent entraîner.

Pour les avoués et les huissiers, la taxe sera faite par le président du tribunal ou par le premier président de la cour d'appel où les frais ont été faits, ou, à leur défaut, par un juge qu'ils désigneront. S'il s'agit de frais relatifs à une instance, le magistrat taxateur devra, à moins d'empêchement, avoir pris part au jugement ou à l'arrêt.

Pour les notaires et les avoués, en matière de compte, liquidation et partage, les frais faits devant le tribunal seront taxés, à moins d'empêchement, par le juge-commissaire.

Art. 4. Les notaires, avoués et huissiers devront signifier à la partie débitrice par acte d'avoué à avoué, s'il y a avoué constitué, sinon à personne ou domicile, l'état détaillé des frais taxés et l'ordonnance du magistrat taxateur revêtue, sur minute, de la formule exécutoire.

Cette signification contiendra en outre, à peine de nullité : 1° constitution d'avoué pour le requérant ; 2° la déclaration que cette ordonnance deviendra définitive si elle n'est pas frappée d'opposition dans les délais déterminés au paragraphe suivant.

Dans les quinze jours de la signification, sauf l'application des dispositions des articles 73, 74 et 1033 du Code de procédure civile, l'ordonnance de taxe est susceptible d'opposition de la part tant de la partie débitrice que de la partie qui en est bénéficiaire. Cette opposition est motivée et faite par acte d'avoué à avoué, s'il y a avoué constitué; sinon, par ajournement.

Le délai imparti par le paragraphe précédent est suspendu par la mort de l'une des parties ayant le droit d'opposition. Il reprend son cours après une nouvelle signification faite au domicile du défunt, et à compter de l'expiration des délais pour faire inventaire et délibérer si cette signification a eu lieu avant que ces derniers délais fussent expirés. Cette signification pourra être faite aux héritiers collectivement et sans désignation des noms et qualités.

Les débats auront lieu en chambre de conseil, sans procédure, le ministère public entendu.

Le jugement sera rendu en audience publique; il sera susceptible d'appel dans les formes et dans les cas ordinaires.

La signification de l'ordonnance de taxe, faite conformément aux prescriptions de la présente loi, à la requête des notaires, avoués et huissiers, interrompt la prescription et fait courir les intérêts.

L'ordonnance de taxe vaut titre exécutoire; elle emporte hypothèque judiciaire; mais elle ne pourra être exécutée et l'inscription ne pourra être prise valablement qu'après l'expiration du délai d'opposition.

Art. 5. Les mêmes règles s'appliquent aux frais, non liquidés par le jugement ou l'arrêt, réclamés par un avoué, distractionnaire des dépens, contre la partie adverse condamnée à les payer.

Toutefois, en ce cas :

1° Le délai d'opposition ne sera pas augmenté à raison des distances, si le jugement ou l'arrêt sur le fond est contradictoire;

2° L'appel ne sera recevable que s'il y a appel de quelque disposition sur le fond;

3° L'ordonnance de taxe pourra être exécutée dès qu'elle aura été signifiée et l'inscription de l'hypothèque judiciaire pourra être valablement prise avant même la signification.

L'exécution de l'ordonnance de taxe sera suspendue s'il y est fait opposition ou si la décision sur le fond est frappée d'opposition ou d'appel.

Art. 6. La présente loi est applicable aux payements et règlements effectués, aux actes passés et aux frais faits antérieurement à sa promulgation.

Art. 7. La loi du 5 août 1881 est abrogée.

L'article 30 de la loi du 22 frimaire an VII, l'article 51 de la loi du 25 ventôse an XI et les décrets du 16 février 1807 sont abrogés dans celles de leurs dispositions qui sont contraires à la présente loi.

Art. 8. La présente loi est applicable à l'Algérie et aux colonies.

COMMENTAIRE

CHAPITRE PREMIER

CONSIDÉRATIONS GÉNÉRALES

1 — I. Législation antérieure. La loi du 5 août 1881 avait eu un double but : 1° Réglementer, au point de vue du délai de la prescription, les demandes des notaires, avoués et huissiers en payement de leurs frais, ainsi que les demandes de taxe et actions en restitution que les clients pouvaient avoir à exercer contre ces officiers publics et ministériels, à raison de ces mêmes frais ; 2° Permettre aux notaires de poursuivre le remboursement de leurs frais et honoraires à l'aide d'une procédure sommaire et économique, et c'est dans ce but que fut créé l'exécutoire délivré par le greffier du tribunal, une fois la taxe faite par le président. (*Exposé des motifs du projet de loi.*)

2 — « La disposition nouvelle, disait en 1881 le rapporteur de la commission du Sénat, donne à la fois satisfaction aux intérêts des notaires et aux intérêts des clients, puisqu'elle aura pour résultat, en supprimant la nécessité d'introduire une instance en justice pour obtenir le recouvrement de la taxe, de réduire dans des proportions considérables les frais de poursuite. »

3 — Mais, soit que le législateur ne se fût pas expliqué assez clairement, soit que la jurisprudence ait mal interprété le texte de la loi, le second résultat n'avait pas été atteint. L'action en justice n'avait pas été supprimée et les notaires, sous l'empire de la loi du 5 août 1881, se trouvaient encore dans la nécessité d'y recourir, puisque, d'après la jurisprudence, l'exécutoire de frais, même signifié aux débiteurs, n'in-

terrompait pas la prescription, ne faisait pas courir les intérêts et n'emportait pas hypothèque judiciaire.

4 — La loi du 5 août 1881 avait en fait aggravé la situation du débiteur, car elle mettait le notaire, pour sauvegarder ses droits, dans la nécessité d'actionner le client en payement des frais s'il ne se libérait pas à la suite de la signification de l'exécutoire; il y avait double frais, le débiteur se trouvant exposé à payer tout à la fois ceux de l'exécutoire et ceux de la demande en justice.

5 — II. **Historique.** C'est pour remédier à cet état de choses et pour combler les lacunes laissées dans la loi du 5 août 1881 que MM. Royer et Bertrand, députés, déposèrent dans la séance du 22 novembre 1890 une proposition de loi ayant pour objet de compléter l'article 3 de la loi du 5 août 1881, à l'effet de faire produire à l'exécutoire les mêmes effets qu'un jugement.

6 — Cette proposition de loi, à la suite d'un rapport favorable de M. Talou au nom de la 9e commission d'initiative parlementaire, fut prise en considération par la Chambre des députés dans la séance du 20 janvier 1891.

7 — M. Royer, nommé rapporteur par la commission chargée d'examiner cette proposition de loi, déposa son rapport à la séance du 31 mai 1892. La proposition, légèrement amendée par la commission, ajoutait à l'article 3 de la loi de 1881 deux dispositions : l'une aux termes de laquelle la signification de l'exécutoire interromprait la prescription, ferait courir les intérêts et permettrait aux notaires de prendre hypothèque huit jours après la signification; la seconde, déclarant ces dispositions applicables aux avoués et aux huissiers. (Voir *Rép. Defrénois*, année 1892, art. 6765.)

8 — La Chambre des députés, séance du 4 février 1893, adopta, urgence déclarée, le texte de la proposition qui lui avait été soumise par la commission. (Voir *Rép. Defrénois*, année 1893, art. 7007.)

9 — Mais la commission du Sénat modifia entièrement le texte voté par la Chambre des députés. Au lieu de se borner à compléter la loi du 5 août 1881, elle crut qu'il serait préférable de reviser le texte entier de cette loi et de condenser, dans des articles nouveaux, l'ancienne loi et les dispositions additionnelles ; en outre, elle apporta de nombreuses modifications à la loi du 5 août 1881 ; ainsi elle remplaça l'exécutoire des frais par l'ordonnance de taxe dont elle fit un titre exécutoire; elle fixa un délai de huit jours pour l'opposition; elle déclara que cette opposition serait recevable aussi bien de la part de la partie bénéficiaire que de celle de la partie débitrice; enfin elle décida que la signification de la taxe de l'ordonnance de taxe interromprait la prescription et ferait courir les intérêts; mais elle ne voulut pas admettre tout d'abord que cette signi-

fication pût permettre de prendre inscription d'hypothèque judiciaire.
(Voir le rapport de M. Bisseuil au Sénat, *Rép. Defrénois*, art. 7418.)

10 — En raison des modifications apportées par la commission du
Sénat à la proposition de loi qui lui était soumise, le gouvernement
crut devoir déposer un projet de loi sur cette matière (séance du 10 janvier 1894). Par ce projet de loi, il adoptait les modifications proposées
par la commission du Sénat, sauf sur un point : il admettait que l'officier
public ou ministériel qui aurait obtenu l'ordonnance de taxe aurait le
droit de prendre inscription d'hypothèque judiciaire dès que cette ordonnance serait devenue définitive. La commission du Sénat se rangea à
cette opinion. (Voir *Rép. Defrénois*, art. 7641.)

10 — Le Sénat, dans sa séance du 13 mars 1894, examina en première
délibération le projet de loi. La discussion fut des plus confuses : les articles 1, 2 et 3 furent adoptés. Mais, à l'occasion de l'article 4, une longue discussion s'éleva : le Sénat adopta les deux premiers paragraphes
de cet article, mais rejeta les deux derniers. Il n'adopta pas non plus
l'ensemble des premières dispositions de l'article 4, qui venaient d'être
votées. Ensuite, ni l'article 5 ni l'article 6 ne furent adoptés. Toutefois
le Sénat décida qu'il passerait à une seconde délibération.

11 — Ces votes contradictoires ne se comprennent guère ; mais il faut
reconnaître qu'il s'était produit, au cours de la discussion, une certaine
confusion par suite de la nature même des questions soulevées. C'est ce
que constata d'ailleurs à la tribune l'honorable M. Labiche, sénateur :
« Vous reconnaîtrez, dit-il, que la discussion que nous avons entendue
a été un peu confuse malgré le talent des orateurs ; que plusieurs de
nous n'ont pu la suivre dans tous ses détails et qu'elle aurait certainement gagné en clarté à se produire dans des conditions différentes de
celles qu'on peut trouver dans une nombreuse assemblée. Plusieurs de
nos collègues n'ont pu, en effet, se dispenser de demander au moment
du vote : « Sur quoi vote-t-on ? » Quant à moi, malgré mon attention
et les explications si précises de notre président, je ne suis pas bien
sûr d'avoir toujours bien compris la position des diverses questions. »

12 — La commission du Sénat eut à se livrer à un nouvel examen du
projet de loi : un accord intervint entre elle et le gouvernement. Dans
la séance du 11 novembre 1895, le projet de loi vint en seconde lecture.
Après un rapport verbal de M. Bisseuil, résumant la question, les articles furent successivement votés.

13 — La commission nommée par la Chambre des députés pour examiner le nouveau projet de loi, y apporta diverses modifications ; elles
sont consignées dans le rapport de M. Bertrand, déposé dans la séance
du 4 juin 1896 (voir notre partie *Bulletin parlementaire*, p. 49) et dans
le rapport supplémentaire déposé le 18 novembre 1896 (*Ibid.*, p. 82). Le

projet de loi fut adopté en première délibération dans la séance du 24 novembre 1896 et en deuxième délibération dans la séance du 16 décembre suivant (*Ibid.*, p. 83 et 92).

14 — En raison des modifications apportées par la Chambre des députés, le projet de loi dut être de nouveau soumis au Sénat. Après un rapport de M. Bisseuil, déposé dans la séance du 24 juin 1897, le Sénat l'adopta, le 16 juillet 1897, urgence déclarée (*Bulletin parlementaire*, p. 135). Mais comme de nouvelles modifications y avaient été faites par le Sénat, le projet dut encore retourner à la Chambre des députés qui l'adopta définitivement dans la séance du 17 décembre 1897.

15 — III. **Division.** La loi du 24 décembre 1897 abroge la loi du 5 août 1881 qu'elle modifie et complète; elle a pour but de réglementer :

16 — 1° La prescription concernant les frais dus aux notaires (art. 1er);

17 — 2° La prescription relative au recours contre les notaires, huissiers et avoués, après règlement des frais (art. 2);

18 — 3° Le mode de poursuites pour avoir payement des sommes dues pour frais en ce qui concerne les notaires, avoués et huissiers (art. 3, 4 et 5);

19 — 4° L'application de la loi aux règlements effectués et aux actes passés antérieurement à sa promulgation (art. 6);

20 — 5° L'extension de la loi aux colonies (art. 8).

CHAPITRE II

DE LA PRESCRIPTION DES FRAIS

21 — Art. 1er. Le droit des notaires au payement des sommes à eux dues pour les actes de leur ministère se prescrit par cinq ans à partir de la date des actes. Pour les actes dont l'effet est subordonné au décès, tels que les testaments et les donations entre époux pendant le mariage, les cinq ans ne courront que du jour du décès de l'auteur de la disposition.

22 — Il n'est pas innové, en ce qui concerne les huissiers et les avoués, aux dispositions édictées par les articles 2272 et 2273 du Code civil.

23 — La prescription a lieu, quoiqu'il y ait eu continuation d'actes de leur ministère de la part des notaires, avoués et huissiers. Elle ne cesse de courir que lorsqu'il y a eu compte arrêté, reconnaissance, obligation ou signification de taxe, en conformité de l'article 4 ci-après.

24 — Les articles 2275 et 2278 du Code civil sont applicables à ces prescriptions.

25. — I. **Notaires**. — Avant la loi du 5 août 1881, les émoluments dus aux notaires, de même que les déboursés pour timbre et enregistrement et pour l'accomplissement des formalités, étaient soumis à la prescription relative à l'exécution du mandat, qui est de trente années, en vertu de l'article 2262 C.civ. La loi du 5 août 1881 a réduit à cinq ans la prescription concernant les frais dus aux notaires. L'article 1ᵉʳ de la loi du 24 décembre 1897, qui n'est, sous une rédaction un peu différente, que la reproduction des dispositions de l'article 1ᵉʳ de la loi du 5 août 1881, maintient cette prescription.

26. — II. **Délai**. Le délai de cinq ans a semblé suffisant au notaire pour préparer ses comptes, produire ses réclamations et mettre en mouvement son action. Il a tout intérèt à ne pas prolonger une situation dont le péril pourrait se révéler par l'accumulation des recouvrements, les difficultés plus grandes de les opérer, et, plus tard, par le manque de précision et d'exactitude dans les produits servant de base aux traités de transmission. On a pensé d'ailleurs que les intérêts des notaires n'auraient pas à souffrir d'une règle absolue limitant des habitudes de bienveillance et de discrétion, qui sont de tradition dans les rapports d'études à clients, et que les susceptibilités des parties s'effaceraient devant l'autorité de la loi, ses exigences devenant une protection contre les réclamations tardives, quelquefois injustes et souvent ruineuses.

27. — III. **Frais prescrits**. La prescription de cinq ans s'applique non seulement aux émoluments des actes notariés, mais aussi à toutes les sommes dues aux notaires, qui sont la conséquence ou la suite des actes par eux reçus, comme les frais de timbre, enregistrement, transcription aux hypothèques, inscription, signification, dépôt de contrats, de mariage, dépôt et publication d'acte de société, purge d'hypothèque légale, quand elle est faite par le notaire. (Trib. Bourgoin, 15 juin 1893; *Rép. Defrénois*, 7990.) Il faudrait même y comprendre les émoluments dus à l'occasion de démarches faites par le notaire en vue d'un acte notarié qui ne s'est pas réalisé ou est demeuré imparfait. Il en serait autrement des honoraires particuliers qui seraient dus au notaire en raison de démarches ou de soins en dehors des actes de son ministère. C'est pour ce motif que le mot « honoraires » a été supprimé dans le projet de loi.

28. — « Dans la loi de 1881, a dit M. Bertrand, rapporteur à la Chambre des députés, dans les rapports de la commission du Sénat, dans le projet du Gouvernement, dans le texte voté par le Sénat, nous voyons juxtaposées ces expressions : *Frais* et *honoraires*. En maintenant cette rédaction, surtout qu'aujourd'hui la loi nouvelle vise, en même temps que les notaires, les avoués et les huissiers, il pourrait peut-être se produire un doute, un malentendu, une confusion. Ce qui nous occupe dans la loi en discussion, ce sont les rapports des notaires, avoués et huissiers avec leurs débiteurs au sujet de leurs *frais*, et non pas au sujet de leurs *honoraires*. Les frais comprennent les déboursés et les émoluments : ils sont, sous ce double aspect, soumis au tarif, à l'appréciation du magistrat taxateur ; en matière sommaire, ils sont taxés et liquidés dans le jugement lui-même. Il n'en est pas de même pour les honoraires, qui ont un tout autre caractère, une tout autre origine. Si, pour un motif quelconque, le notaire, l'avoué, l'huissier croit avoir à réclamer des honoraires, cette question se traite à l'amiable entre lui et celui qu'il considère comme son débiteur. A défaut d'accord amiable, les tribunaux compétents sont appelés à se prononcer. C'est alors un procès soumis aux règles ordinaires concernant les procès. Nous proposons donc, dans les différents articles du projet de loi, la suppression du mot « honoraires ». Par cette mesure, nous n'entendons pas favoriser plutôt les officiers ministériels que leurs débiteurs : nous n'innovons pas, voilà tout ; nous serrons plus le texte et nous précisons davantage. Les travaux et soins auxquels s'est livré un avoué dans l'intérêt de son client et en dehors de son ministère légal peuvent donner lieu à des honoraires dont le chiffre, non soumis au tarif, est fixé souverainement par les tribunaux. (Supplément de Dalloz alphab., v⁰ *Honoraires*, n⁰ 4.) D'ailleurs, le titre du projet de loi, comme celui des différents rapports, porte : Recouvrement des frais dus aux notaires, avoués et huissiers, et non pas recouvrement des frais et honoraires. »

29. — IV. **Point de départ.** Le point de départ de la prescription est différent, suivant la nature des actes.

30. — V. **Actes ordinaires.** Pour les actes ordinaires, la prescription court du jour de la date de l'acte, sans qu'il y ait lieu de faire de distinction entre les frais faits au moment de la passation de l'acte et ceux faits postérieurement, comme les déboursés d'enregistrement, de transcription, d'inscription, de signification, etc.

31. — Si l'acte a plusieurs dates, la prescription ne court que du jour de la dernière date, puisque c'est seulement à partir de ce moment que l'acte est devenu parfait.

32. — VI. **Actes subordonnés au décès.** — A l'égard des actes subordonnés au décès, la prescription ne court que du jour du décès de l'auteur de la disposition ; et la loi cite à titre d'exemple les testaments et les donations entre époux ; mais il faut mettre sur le même rang tout autre acte subordonné au décès, comme les institutions contractuelles.

33. — Il a été apporté sur ce point une modification au texte de l'article 1 de la loi du 5 août 1881. Cet article portait : « Pour les actes dont l'*exécution* est subordonnée au décès... » Le gouvernement avait proposé de remplacer ces termes par ceux-ci : « Pour les actes dont

l'*existence* et l'*exécution* sont subordonnées au décès... » Mais la commission du Sénat proposa, ce qui fut accepté, la rédaction suivante : « Pour les actes dont l'*effet* est subordonné au décès... » et le rapporteur du Sénat justifia en ces termes cette modification : « Votre commission estime que, ni séparément ni réunis, ces mots *existence* et *exécution* ne rendent la pensée du législateur. Quant à l'*existence*, on ne peut méconnaître qu'un testament, par exemple, peut exister comme acte sans produire d'effet. D'autre part, il ne saurait être question, dans l'espèce, de l'*exécution* du testament ou de la donation, mais de l'effet qu'ils peuvent produire s'ils n'ont pas été révoqués au jour du décès. Nous croyons donc rendre plus exactement la pensée du législateur en rédigeant cette partie de notre article premier comme suit : « Pour les actes dont l'*effet* est subordonné au décès... »

34. — Si le décès ou le fait de l'existence des dispositions de dernière volonté ne sont connus que longtemps après le décès, la prescription ne courra que du jour de la connaissance de l'événement ou du jour du dépôt du testament.

35. — Une autre difficulté, que la loi aurait dû prévoir, naît souvent au sujet des actes subordonnés au décès ; d'usage, lês testaments par acte public et les donations entre époux pendant le mariage donnent lieu, dès leur réception, au payement du coût du timbre et d'un honoraire fixe de rédaction ; puis, au décès, au payement du montant de l'enregistrement, de l'honoraire proportionnel d'ouverture et du coût de l'expédition et autres formalités, s'il y a lieu. Pour les frais dus lors de la réception de l'acte, la prescription de cinq ans court-elle de la date de l'acte, ou de la date du décès? Il semblerait que c'est de la date de l'acte, puisque les frais peuvent être exigés dès cette époque. Mais en présence des termes formels de la disposition de l'article premier, qui ne fait aucune distinction, il faut admettre que la prescription ne court que du jour du décès du disposant, sans qu'il y ait lieu de rechercher à quelle époque les frais ont été faits.

36 — VII. **Actes successifs.** Si le notaire a fait des actes successifs pour le même client, la prescription court séparément pour chaque acte à partir de sa date ; il importerait peu que ces actes fussent relatifs à une même affaire; c'est ce qui résulte de l'article 2274 C. civ., et le législateur a cru devoir le mentionner dans le texte de la loi du 24 décembre 1897.

37 — Lorsque, dans ce cas, il est fait un payement partiel à valoir, on doit, par application de l'article 1256 C. civ., l'imputer, à défaut de stipulation contraire, sur les actes les plus anciens. (Voir Bordeaux, 22 avril 1871 ; D., 72, II, 214.)

38 — VIII. **Interruption.** La prescription cesse de courir lorsqu'il y

a eu compte arrêté, reconnaissance, obligation ou signification de
taxe.

39 — IX. **Compte arrêté**. Le compte, pour interrompre la prescription, doit être signé par le débiteur ou accepté par lui. Un règlement
de compte non signé n'aurait pas pour effet d'interrompre la prescription.

40 — X. **Reconnaissance, obligation**. La reconnaissance, de même
que l'obligation, doit émaner du débiteur, elle peut résulter d'un écrit
sous seing privé ou d'un acte authentique. Ainsi il a été décidé qu'une
simple lettre peut interrompre la prescription si elle contient reconnaissance de la dette. (Cass., 19 juin 1872, 14 juillet 1875 ; S., 72, I, 159 ;
75, I, 408.)

41 — XI. **Signification de taxe**. La signification de l'ordonnance
de taxe obtenue par le notaire, en conformité des prescriptions des
articles 3 et 4, a pour effet d'interrompre la prescription, *infra*
n° 106.

42 — XII. **Citation en justice**. D'après la loi du 5 août 1881, la
prescription pouvait être interrompue par une citation en justice non
périmée. La loi du 24 décembre 1897 ne mentionne pas cette cause
d'interruption de la prescription ; et c'est avec intention que le législateur l'a passée sous silence : car il résulte de l'article 3 que le recouvrement des frais ne peut être opéré que par le moyen de l'ordonnance
de taxe, *infra* n° 81. Il s'ensuit que la voie de la citation directe ne
saurait être employée. Il faut en conclure que la citation en justice ne
peut interrompre la prescription.

43 — XIII. **Preuve**. L'arrêté de compte, la reconnaissance ou l'obligation du débiteur ne peuvent résulter que d'un écrit, et s'il est sous
seing privé, il doit avoir acquis date certaine, avant que la prescription
ne soit acquise. (Trib. Albi, 25 novembre 1896 ; *Rép. Defrénois*, 9488.)
La preuve par témoins ou par présomption ne saurait être admise.
(Cass., 29 nov. 1837, 27 juillet 1853, 7 nov. 1860, 7 janv. 1861,
18 nov. 1860, 18 avril 1878 ; S., 38, I, 431 ; 53, I, 715 ; 61, I, 149 et 448 ;
77, I, 101 ; 78, I, 396 ; Laurent, XXXII, 519 ; Baudry-Lacantinerie,
Prescription, 757.)

44 — XIV. **Prescription trentenaire**. Lorsque la prescription a
été interrompue par l'une des causes indiquées, *supra* n°s 38 à 41, il y
a novation dans la dette ; celle-ci sort des règles exceptionnelles édictées par l'article 1er pour rentrer dans le droit commun, et la prescription devient trentenaire.

45 — XV. **Serment**. L'article 1er renvoie à l'article 2275 du Code
civil, suivant lequel celui auquel la prescription est opposée peut
déférer le serment décisoire à ceux qui l'opposent sur la question de

savoir si la somme réclamée a été réellement payée. Le notaire, si la prescription lui est opposée, peut donc déférer le serment au débiteur, et si celui-ci refuse de le prêter, elle n'est pas encourue. (Trib. Bourgoin, 22 juillet 1893 ; *Rép. Defrénois*, 7433.) Jugé que lorsque les deux parties débitrices solidaires des frais d'un acte ont opposé la prescription et que le serment sur le fait du payement a été déféré à l'une et à l'autre, si une seule le prête, l'autre partie ne saurait s'en prévaloir pour sa part dans la dette. (Trib. Toulouse, 13 février 1890 ; *Rép. Defrénois*, 5391.)

46 — XVI. **Minorité.** L'article 1ᵉʳ renvoie également à l'article 2278, suivant lequel les petites prescriptions courent contre les mineurs et les interdits, sauf leur recours contre leurs tuteurs, et aussi contre les absents. (Vazeille, *Presc.*, I, 312 ; Troplong, *Presc.*, 709 ; Duranton, XXI, 285 ; Cass., 25 oct. 1813 ; Grenoble, 24 avril 1850 ; S., 51, II, 93 ; Cass., 19 juillet 1869 ; S., 69, I, 407.) Si donc un notaire vient à décéder laissant des enfants mineurs, cette minorité ne suspendra pas le cours de la prescription. Quant au recours contre le tuteur, il n'existe qu'autant qu'il est en faute.

47 — XVII. **Huissiers.** A l'égard des huissiers, la prescription pour le salaire des actes qu'ils signifient et des commissions qu'ils exécutent reste fixée à un an en vertu de l'article 2272. Elle s'étend aux déboursés faits par l'huissier pour l'accomplissement des actes de son ministère tels que les frais de timbre et d'enregistrement (Aubry et Rau, § 774-60 ; Laurent, XXXII, 495 ; Baudry-Lacantinerie, *Presc.*, 720 ; Cass., 23 juin 1863, 18 fév. 1873 ; S., 63, I, 349 ; 73, I, 120 ; D., 63, I, 344 ; 73, I, 60 ; Rouen, 14 déc. 1878 ; S., 80, II, 298) ; mais elle ne comprend pas les avances faites par l'huissier comme mandataire ou *negotiorum gestor*, notamment pour frais de levée de jugement et d'inscription hypothécaire. (Aubry et Rau, § 774-62 ; Laurent, XXXII, 495 ; Baudry-Lacantinerie, *Presc.*, 720 ; Cass., 18 fév. 1873, 9 mars 1875, 25 fév. 1884 ; S., 73, I, 120 ; 75, I, 272 ; 84, I, 182 ; D., 73, I, 60 ; 77, I, 83 ; 84, I, 400.) Les causes d'interruption de la prescription indiquées *supra*, nᵒˢ 38 et suiv., s'appliquent également aux huissiers.

48 — XVIII. **Avoués.** Quant aux avoués, ils demeurent soumis à l'article 2273 C. civ. aux termes duquel l'action pour le payement de leurs frais et salaires se prescrit par deux ans, à compter du jugement du procès ou de la conciliation des parties, ou depuis leur révocation, et par cinq ans à l'égard des affaires non terminées. Cette prescription comprend les émoluments de l'avoué et toutes les avances ou déboursés qu'il a été obligé de faire pour l'accomplissement de son mandat *ad litem*, tels que les droits de timbre, d'enregistrement et de greffe, le coût des actes d'huissier, les expéditions ou extraits d'actes qui lui sont nécessaires, les honoraires des avocats qui entrent en taxe

(Aubry et Rau, § 774-51, 52 ; Laurent, XXXII, 491 ; Baudry-Lacantinerie, *Presc.*, 736 ; Cass., 16 déc. 1846 ; S., 47, I, 137 ; D., 47, I, 133 ;
Dijon, 26 déc. 1846 ; D., 47, IV, 380) ; mais elle ne s'étend pas aux honoraires pour soins particuliers donnés au procès, ni aux déboursés faits
comme *negotiorum gestor*. (Aubry et Rau, § 774-49, 50 ; Baudry-Lacantinerie, *Presc.*, 736 ; Cass., 22 juil. 1835 ; S., 35, I, 484 ; Riom,
9 juin 1840 ; S., 40, II, 295 ; Douai, 21 mars 1863 ; S., 63, II, 186 ;
Colmar, 9 juin 1870 ; S., 70, II, 263.) La prescription est interrompue
par les mêmes causes que pour les frais dus aux notaires, *supra*.
nos 38 et suivants.

CHAPITRE III

DE LA PRESCRIPTION DES DEMANDES EN TAXE ET DES ACTIONS EN RESTITUTION

---

49 — Art. 2. Les demandes en taxe et les actions en restitution de frais dus aux notaires, avoués et huissiers, pour les actes de leur ministère, se prescrivent par deux ans du jour du payement ou du règlement par compte arrêté, reconnaissance ou obligation.

50 — I. **Taxe; ordre public.** D'après la jurisprudence, la taxe des frais dus aux notaires est d'ordre public; elle peut être exigée par les parties nonobstant toute convention ou règlement amiable, même suivi d'exécution. (Voir les nombreuses décisions rapportées au *Traité form.*, 7ᵉ édit., nᵒ 182, note 6, et *Table décennale*, nᵒ 78. *Adde*, Paris, 5 décembre 1891; Trib. Le Mans, 24 avril 1894; Cass., 13 juillet 1896; Nancy, 18 juillet 1896; *Rép. Defrénois*, art. 6521, 7907, 9222, 9334.) Avant la loi du 5 août 1881, les notaires se trouvaient soumis à cette taxe pendant trente ans; ils étaient pour ainsi dire à la merci de leurs clients, et, ainsi que le disait le rapporteur du Sénat, le droit pour une partie de s'affranchir pendant trente ans d'une convention librement consentie, volontairement exécutée, peut conduire aux abus les plus dangereux pour les intérêts des notaires et ceux de leurs familles. C'est pour ce motif que la loi du 5 août 1881 a réduit à deux ans la durée de la prescription pour les demandes en taxe et les actions en restitution. La loi du 24 décembre 1897 ne fait que reproduire le texte de l'article 2 de la loi du 5 août 1881 en étendant ses dispositions

aux avoués et huissiers, ce qui d'ailleurs résultait de l'article 4 de la loi de 1881.

51 — II. **Délai.** Le délai de deux ans fixé par le législateur a paru suffisant afin de permettre au client de s'assurer de la régularité et de la légitimité des frais qu'il avait payés. Il ne faut pas oublier, suivant les expressions du rapporteur au Sénat, que le payement contre lequel le client proteste lui est personnel; qu'il est l'œuvre de sa volonté et que, s'il est victime d'un dommage, ce dommage a pour conséquence une imprudence qui engage sans aucun doute sa responsabilité.

52 — III. **Point de départ.** Le point de départ du délai de deux ans court: s'il y a eu payement, du jour où il a été effectué, et, quand le client s'est libéré par acomptes, du jour du payement pour solde; et, s'il y a eu règlement par compte arrêté, reconnaissance ou obligation, du jour de la date du règlement. Jugé qu'un notaire assigné en règlement de compte d'une liquidation faite par lui peut, même pour les actes payés par lui pour le compte de son client, opposer la prescription de deux ans contre les demandes en taxe et restitution d'honoraires formées par celui-ci.(Cass., 10 novembre 1886; *Rép. Defrénois*, art. 3356; *Table décennale*, 81.)

53 — IV. **Preuve.** La preuve du payement ou du règlement peut être effectuée d'après les règles du droit commun. A défaut de reçu ou d'acte le constatant, elle peut résulter : 1° d'un commencement de preuve par écrit appuyé sur des témoignages ou des présomptions (C. civ., 1347, 1353) ; 2° de l'aveu (C. civ., 1354) ; 3° du serment (C. civ., 1358). Les registres de comptabilité des notaires n'ayant aucun caractère légal n'ont que la valeur de registres et papiers domestiques et ne font foi que dans les cas déterminés par l'art. 1331 C. civ. (*Traité Form.*, 7e édit., n° 5777.)

54 — V. **Frais prescrits.** Les frais qui sont atteints par la prescription de deux ans sont seulement ceux afférents aux actes du ministère des notaires et qui en sont la conséquence, *supra* n° 23 ; mais, à l'égard des sommes payées par les notaires en qualité de mandataires ou de *negotiorum gestor*, ils ne sauraient être soumis à la taxe et ne sont pas assujettis à restitution.

55 — VI. **Interruption de la prescription.** La prescription de deux ans en faveur des notaires ne peut être interrompue, conformément aux règles du droit commun, que par une action en justice formée avant l'expiration des deux ans (C. civ., 2244 à 2247) ou par le fait que, dans les deux ans, le notaire a reconnu le droit pour la partie de faire réduire ses honoraires (C. civ., 2248) ; mais l'interruption de la prescription ne résulterait ni d'une lettre missive réclamant la taxe, ni d'une

sommation à l'effet d'y faire procéder. (Trib. Senlis, 11 avril 1888 ; *Rép. Defrénois*, 4834 ; *Table décennale*, 83.)

56 — VII. **Renonciation.** Le notaire peut renoncer à invoquer la prescription ; et cette renonciation s'induit de tout fait ou de tout acte qui démontre la volonté de renoncer à une prescription. (Cass., 21 mai 1883 ; S., 84, I, 422.) Ainsi le notaire qui, dans une lettre adressée au procureur de la République, s'est reconnu restituable d'une somme déterminée perçue en trop pour frais, doit être considéré comme ayant renoncé à la prescription biennale, mais seulement jusqu'à concurrence de la somme indiquée. (Orléans, 27 juillet 1892 ; *Rép. Defrénois*, 7050.)

57 — VIII. **Demande en taxe formée par une partie.** La demande en taxe formée par l'une des parties avant l'expiration du délai de deux ans a pour effet d'interrompre la prescription à l'égard de toutes les parties qui ont concouru à l'acte ; car si la solidarité n'existe pas à l'égard des parties en ce qui concerne l'action en restitution et si cette action est divisible puisqu'elle tend à un profit, il n'en est pas moins vrai que la taxe, étant de sa nature indivisible et portant sur l'acte entier, profite à toutes les parties. (Douai, 12 juin 1893 ; Cass., 18 juin 1894 ; *Rép. Defrénois*, 7989. Voir cep. Amiens, 7 juin 1888 ; *Rép. Defrénois*, 4551 ; *Table décennale*, 82.) Toutefois si le payement est fait divisément par chacune des parties à des dates différentes, l'interruption de la prescription ne peut profiter à celles contre lesquelles la prescription est acquise. (Le Mans, 24 avril 1894 ; *Rép. Defrénois*, 7907.)

58 — IX. **Minorité ; interdiction.** La minorité ou l'interdiction de celui qui peut avoir droit à une réduction, ou de ses héritiers s'il vient à décéder dans les deux ans, est-elle une cause de suspension de la prescription de deux ans ? La loi, qui s'est expliquée sur ce point relativement à la prescription à opposer au notaire, *supra* n° 42, est muette en ce qui concerne la prescription à opposer à la partie. Peut-on, par analogie, en raison de ce que les deux prescriptions sont en corrélation l'une de l'autre et que la prescription contre le notaire n'a été édictée que comme conséquence de celle consacrée contre la partie, soutenir que la prescription de deux ans court également contre les mineurs et les interdits, sauf leur recours contre leurs tuteurs ? Nous doutons qu'une telle prétention soit admissible ; en effet, les frais dus au notaire constituent une créance liquide, exigible ; si le tuteur néglige d'exercer des poursuites et laisse ainsi accomplir la prescription, il est en faute. Cette règle, à notre avis, ne saurait être applicable à l'action à fin de restitution de frais perçus en trop, ou à la défense tendant à s'opposer au payement de frais qui ont fait l'objet d'un règlement.

CHAPITRE IV

DE LA TAXE ET DU RECOUVREMENT

59 — Art. 3. Les notaires avoués et huissiers, ne pourront poursuivre le payement des frais s'appliquant aux actes de leur ministère qu'après en avoir obtenu la taxe et suivant les formes établies à l'article suivant.

60 — La demande de taxe pour les notaires est portée devant le président du tribunal civil de la résidence des notaires, ou, en cas d'empêchement, devant un juge commis par lui. La taxe sera arrêtée conformément au tarif, s'il s'agit d'actes qui y sont compris, et, s'il s'agit d'actes non tarifés, suivant la nature et l'importance de ces actes, les difficultés que leur rédaction a présentées et les responsabilités qu'ils peuvent entraîner.

61 — Pour les avoués et les huissiers, la taxe sera faite par le président du tribunal ou par le premier président de la Cour d'appel où les frais ont été faits, ou, à leur défaut, par un juge qu'ils désigneront. S'il s'agit de frais relatifs à une instance, le magistrat taxateur devra, à moins d'empêchement, avoir pris part au jugement ou à l'arrêt.

62 — Pour les notaires et les avoués, en matière de compte, liquidation et partage, les frais faits devant le tribunal seront taxés, à moins d'empêchement, par le juge-commissaire.

63 — I. **Mode de recouvrement.** Sous l'empire de la loi du 5 août 1881, le recouvrement des frais par les notaires, avoués et huissiers, en ce qui concernait les actes de leur ministère, pouvait être opéré de deux façons : soit par voie de citation directe, afin d'obtenir un jugement contre le débiteur des frais, et dans ce cas on discutait le point de savoir s'il y avait lieu de faire taxer au préalable les frais ; soit, après avoir obtenu la taxe, au moyen d'un exécutoire délivré par le greffier ; mais, comme la jurisprudence décidait que l'exécutoire, étant un acte de pur commandement, n'emportait pas hypothèque judiciaire, ne faisait pas courir les intérêts et n'interrompait pas la prescription, le notaire, alors même qu'il s'était fait délivrer un exécutoire, était souvent obligé d'assigner le débiteur afin d'obtenir un jugement contre lui. La loi du 24 décembre 1897 a pour objet principal de mettre fin à ces graves inconvénients ; le paragraphe 1er de l'article 3 prescrit que le recouvrement des frais ne pourra plus être effectué que d'une seule manière en se conformant aux prescriptions de l'article 4.

64 — II. **Taxe préalable et obligatoire.** La taxe est le préliminaire non facultatif, mais obligatoire, de toute action en payement de frais ; en présence du texte formel du paragraphe 1 de l'article 3, il ne peut plus y avoir aucun doute sur ce point. Le notaire, de même que l'avoué ou l'huissier qui voudra poursuivre le payement de ses frais, devra, avant tout, les faire taxer.

65 — III. **Frais taxés.** Les frais qui sont susceptibles d'être taxés sont ceux qui sont relatifs aux actes notariés ou qui sont afférents aux fonctions des avoués et des huissiers. A l'égard des notaires, la taxe peut s'appliquer à tous les frais qui sont la suite ou la conséquence d'un acte notarié, mais elle ne concerne pas les honoraires particuliers qui peuvent leur être dus en qualité de mandataire ou de *negotiorum gestor*, *supra* n° 27.

66 — IV. **Notaires. Compétence.** En ce qui concerne les notaires, la axe doit, en principe, être portée devant le président du tribunal civil

de leur résidence, ou, en cas d'empêchement, devant un juge par lui commis. Elle s'obtient de la manière suivante : le notaire présente un mémoire de ses frais, d'abord à la chambre de son ressort qui émet son avis, ce qui est simplement facultatif ; puis le mémoire, revêtu de l'avis de la chambre, est remis avec les pièces justificatives au président du tribunal civil du ressort. Ce magistrat, ou le juge taxateur qui le remplace, peut faire immédiatement la taxe, sans autre justification, ou appeler les parties pour lui fournir des renseignements s'il le juge utile. (Cass., 19 juin 1865, 2 janvier 1872; S., 65, L, 303 ; 72, I, 57.)

67 — V. **Ibid. Partage judiciaire.** L'article 3 résout une question qui était controversée en matière de taxe : dans le cas de liquidation ou de partage judiciaire, on discutait la question de savoir si la taxe devait être faite par le président du tribunal ou le juge commissaire. D'après l'article 3 de la loi du 24 décembre 1897, la compétence appartient au juge commissaire. Par suite, si le notaire a été commis par un tribunal autre que celui de sa résidence, c'est le juge commissaire désigné par le tribunal qui l'a commis qui devra faire la taxe. (Voir Rennes, 17 décembre 1888; *Rép. Defrénois*, 5307 ; *Table décennale*, 67.)

68 — VI. **Ibid. Cour d'appel.** Si, à la suite de l'appel formé par les parties contre un jugement homologuant une liquidation, la cour ordonne la rectification de la liquidation et renvoie devant le notaire pour qu'il y soit procédé, c'est le conseiller rapporteur nommé par la cour qui doit procéder à la taxe.

69 — VII. **Ibid. Mode de taxation.** Le mode de taxation est différent suivant qu'il s'agit d'actes tarifés par la loi ou d'actes qui ne sont pas tarifés.

70 — VIII. **Ibid. Actes tarifés.** A l'égard des actes qui seront compris dans le tarif des honoraires des notaires qui doit être établi en vertu de la loi du 20 juin 1896, ainsi que de ceux qui sont actuellement tarifés par des lois, le juge taxateur n'a qu'à faire l'application du tarif. Mais il lui appartient de rechercher si les frais portés en taxe sont légitimement dus. Ainsi il peut ne pas admettre en taxe les salaires non dus perçus par un conservateur des hypothèques, sauf le recours du notaire contre le conservateur. (Trib. Fontainebleau, 4 décembre 1884; *Rép. Defrénois*, 2292 ; *Table décennale*, 74.) Suivant une jurisprudence qui nous paraît contestable, il serait fondé à retrancher de l'état tous les frais d'actes qui lui paraîtraient inutiles (Cass., 19 février 1883; trib. Pontoise, 12 mai 1892; *Rép. Defrénois*, 1258, 6972; *Table décennale*, 73), ainsi que les rôles d'expéditions ou d'extraits quand il lui semble qu'ils sont exagérés (Paris, 5 décembre 1891 ; *Rép. Defrénois*, 6521). Il a été jugé également que le dépôt des pièces hypothécaires à la suite d'un contrat de vente ne présente aucune utilité et que les frais d'un tel acte ne doivent pas être admis en taxe. (Paris, 5 décembre 1891, précité.)

71 — IX. **Ibid. Actes non tarifés.** A l'égard des actes qui ne sont pas tarifés par la loi, le juge taxateur doit apprécier l'honoraire applicable à l'acte qui lui est soumis d'après sa nature et son importance, les difficultés que sa rédaction a présentées et la responsabilité qu'il peut entraîner. Ce sont les éléments d'appréciation indiqués par le législateur et auxquels le juge taxateur est tenu de se conformer.

72 — X. **Avoués, huissiers.** Le paragraphe 3 détermine les autorités qui sont compétentes pour taxer les frais des avoués et huissiers. C'est le président du tribunal ou le premier président de la cour d'appel, ou, à leur défaut, un juge par eux désigné. A l'égard de l'avoué, en matière de compte, liquidation et partage, la taxe doit être faite par le juge commissaire, *supra* n°s 66, 67.

73 — ART. 4. Les notaires, avoués et huissiers devront signifier à la partie débitrice par acte d'avoué à avoué, s'il y a avoué constitué, sinon à personne ou domicile, l'état détaillé des frais taxés et l'ordonnance du magistrat taxateur, revêtue, sur minute, de la formule exécutoire.

74 — Cette signification contiendra, en outre, à peine de nullité : 1° constitution d'avoué pour le requérant ; 2° la déclaration que cette ordonnance deviendra définitive, si elle n'est pas frappée d'opposition dans les délais déterminés au paragraphe suivant.

75 — Dans les quinze jours de la signification, sauf l'application des dispositions des articles 73, 74 et 1033 du Code de procédure civile, l'ordonnance de taxe est susceptible d'opposition de la part tant de la partie débitrice que de la partie qui en est bénéficiaire. Cette opposition est motivée et faite par acte d'avoué à avoué, s'il y a avoué constitué ; sinon par ajournement.

76 — Le délai imparti par le paragraphe précédent est suspendu par la mort de l'une des parties ayant le droit d'opposition. Il reprend son cours après une nouvelle signification faite au domicile du défunt, et à compter de l'expiration des délais, pour faire inventaire et délibérer si cette signification a eu lieu avant que ces derniers délais fussent expirés. Cette

signification pourra être faite aux héritiers collectivement et sans désignation des noms et qualités.

77 — Les débats auront lieu en chambre du conseil, sans procédure, le ministère public entendu.

78 — Le jugement sera rendu en audience publique ; il sera susceptible d'appel dans les formes et dans les cas ordinaires.

79 — La signification de l'ordonnance de taxe, faite conformément aux prescriptions de la présente loi, à la requête des notaires, avoués et huissiers, interrompt la prescription et fait courir les intérêts.

80 — L'ordonnance de taxe vaut titre exécutoire ; elle emporte hypothèque judiciaire ; mais elle ne pourra être exécutée et l'inscription ne pourra être prise valablement qu'après l'expiration du délai d'opposition.

81 — **XI. Suppression de l'exécutoire.** L'article 4 est le plus important de ceux compris dans la loi du 24 décembre 1897 ; il apporte des modifications considérables dans la législation existante. D'après la loi du 5 août 1881, article 3, la taxe régulièrement faite donnait ouverture à un exécutoire délivré par le greffier et c'était en vertu de cet exécutoire que le notaire faisait commandement au débiteur des frais et poursuivait la saisie de ses biens. La loi du 24 décembre 1897 supprime l'exécutoire et le remplace par l'ordonnance de taxe signifiée et devenue définitive. Voici les motifs donnés par M. Bisseuil, rapporteur du Sénat, à l'appui de cette modification : « Votre commission estime que la mesure qu'elle vous propose d'accepter produira plusieurs avantages. D'abord elle constituera une économie qui n'est à dédaigner dans aucun cas, mais qui sera surtout appréciable quand il s'agira d'une réclamation peu importante. Il est à remarquer qu'il est possible législativement de conférer à la taxe du magistrat les effets légaux que comporte actuellement l'exécutoire. Cette taxe devra être revêtue de la formule exécutoire et aura ainsi force exécutoire. Il n'est pas indispensable pour cela que l'acte apparaisse sous forme de grosse. Il y a déjà des exemples de décisions de magistrat, et de magistrat unique, comme le juge des référés, exécutoires sur minute. La signification qui sera faite de cette taxe aura aussi un très grand avantage sur la signification de l'exécutoire ; elle contiendra détaillés tous les éléments de l'état de frais ; tandis que l'exécutoire ne mentionne qu'un bloc qui ne

met pas en général le débiteur en situation de se rendre compte du bien ou du mal fondé de la réclamation. »

82 — XII. **Ordonnance de taxe.** Sur l'état détaillé des frais qui lui est soumis et après les avoir taxés, le magistrat taxateur indique la somme à laquelle s'élève le montant de la taxe : c'est ce que l'on appelle l'ordonnance de taxe. La loi du 24 décembre 1897 exige que cette ordonnance soit revêtue en outre de la formule exécutoire.

83 — XIII. **Titre exécutoire.** Avant la loi du 24 décembre 1897, la question de savoir quel était le caractère de cette ordonnance était très discutée. D'après l'opinion dominante, elle constituait un simple avis préparatoire ; elle était l'équivalent du préliminaire de conciliation. La loi du 24 décembre 1897 tranche cette difficulté. L'ordonnance de taxe, porte le paragraphe 8 de l'article 4, vaut titre exécutoire ; c'est donc un acte judiciaire, mais seulement de pur commandement, revêtu de la formule exécutoire ; elle émane de la juridiction gracieuse et non de la juridiction contentieuse et une simple opposition a pour effet de la mettre en litige devant le tribunal. Toutefois, lorsqu'elle est devenue définitive par suite de l'expiration du délai d'opposition, elle peut être assimilée à une décision judiciaire (*infra* n° 105).

84 — XIV. **Signification.** L'ordonnance de taxe, bien que revêtue de la formule exécutoire, n'est pas encore suffisante pour permettre les poursuites ; elle doit être portée, ainsi que l'état des frais, à la connaissance de la partie débitrice par une signification. Cette signification comprend non seulement la copie de l'ordonnance de taxe, mais aussi la copie détaillée de l'état des frais.

85 — XV. **Ibid. Forme.** La loi détermine de quelle manière doit être effectuée cette signification ; elle doit être faite, s'il y a avoué constitué, à l'avoué adverse par acte du palais, et, à défaut, à la partie débitrice par exploit, soit à elle-même, soit à domicile.

86 — XVI. **Ibid. Mention.** Si le notaire n'a pas encore constitué avoué, il doit être, dans la signification, fait constitution d'avoué ; en outre, comme cette signification a pour conséquence de rendre l'ordonnance définitive, à l'expiration du délai fixé pour l'opposition *infra* n° 105, il est nécessaire que l'attention du débiteur soit appelée d'une façon spéciale sur ce point important par l'acte de signification. C'est pour ce motif que la loi exige que la signification contienne la déclaration que l'ordonnance deviendra définitive, si elle n'est pas frappée d'opposition dans le délai fixé par la loi. Ces deux mentions sont prescrites à peine de nullité.

87 — XVII. **Opposition.** L'ordonnance de taxe est, ainsi que nous l'avons dit *supra* n° 83, un acte de la juridiction gracieuse ; pour s'opposer à son exécution, il suffit d'une simple opposition. Cette opposition est recevable non seulement de la part de la partie débitrice, mais

aussi de la part de la partie bénéficiaire de la taxe. C'est là une innovation très importante : d'après la loi du 5 août 1881, la partie débitrice pouvait seule faire opposition à l'exécutoire. Quant au notaire, s'il croyait devoir demander une rectification de la taxe, il devait faire opposition dans les formes ordinaires et assigner le débiteur devant le tribunal civil. La loi du 24 décembre 1897 lui confère, en ce qui concerne l'opposition, les mêmes droits que la partie débitrice.

88 — XVIII. **Délai.** La loi du 5 août 1881 n'ayant pas déterminé le delai dans lequel l'opposition devait être formée, il était généralement admis que l'opposition était recevable jusqu'à l'exécution (*Traité-form.*, 7ᵉ édit., 194; *Table décennale*, 86.) D'après la loi du 24 décembre 1897, le délai pour l'opposition est de quinze jours; il avait été primitivement fixé à huit jours, puis à un mois. C'est seulement lors de la deuxième délibération au Sénat que le délai de quinze jours fut admis. Ce délai est franc, ainsi qu'il résulte de l'article 1033 du Code de procédure civile, c'est-à-dire que les jours de la signification et de l'échéance ne sont point comptés. Si le dernier jour du délai est un jour férié, le délai est prorogé au lendemain.

89 — XIX. **Prorogation.** Le délai de quinze jours peut être augmenté lorsque la signification est faite à personne ou à domicile ; dans ce cas, il y a lieu de tenir compte des délais de distance. Ainsi le délai de quinze jours est augmenté d'un jour à raison de cinq myriamètres de distance. Les fractions de moins de quatre myriamètres ne sont pas comptées ; les fractions de quatre myriamètres et au-dessus augmentent le délai d'un jour entier (C. pr. civ., 1033).

90 — Si la signification est faite à une personne domiciliée hors la France continentale, le délai pour former opposition est déterminé par l'article 73 du Code de procédure civile auquel l'article 4 se réfère expressément. Il sera :

91 — 1° Pour ceux qui demeurent en Corse, en Algérie, dans les Iles Britanniques, en Italie, dans le royaume des Pays-Bas et dans les États ou Confédérations limitrophes de la France (Belgique, Allemagne, Suisse, Espagne), d'un mois ;

92 — 2° Pour ceux qui demeurent dans les autres États, soit de l'Europe (Portugal, Danemark, Suède et Norvège, Russie, Autriche, Turquie, Grèce, etc.), soit du littoral de la Méditerranée (Tunisie, Tripolitaine, Maroc, Egypte) et de celui de la Mer Noire, de deux mois ;

93 — 3° Pour ceux qui demeurent hors d'Europe en deçà des détroits de Malacca et de la Sonde et en deçà du cap Horn, de cinq mois ;

94 — 4° Pour ceux qui demeurent au delà des détroits de Malacca et de la Sonde et au delà du cap Horn, de huit mois.

95 — En cas de guerre maritime, les délais ci-dessus sont doublés pour les pays d'outre-mer.

96 — L'article 4 renvoie également à l'article 74 du Code de procédure aux termes duquel, lorsqu'une assignation à une partie domiciliée hors de la France est donnée à sa personne en France, elle n'emporte que les délais ordinaires, sauf au tribunal à les prolonger s'il y a lieu.

97 — XX. **Suspension. Décès.** L'article 4 prévoit un cas de suspension de délai : c'est celui où l'une des deux parties ayant le droit d'opposition viendrait à décéder étant encore dans les délais pour pouvoir former opposition. Le délai est suspendu à partir du décès et il ne reprend son cours qu'après l'expiration des délais pour faire inventaire et délibérer, qui sont de trois mois et quarante jours (C. civ., 795), sous la condition qu'une nouvelle signification soit faite au domicile du défunt. Si cette signification n'a lieu qu'après l'expiration des délais pour faire inventaire et délibérer, le délai pour former opposition ne reprend son cours qu'à partir de la signification. Mais la partie qui fait cette nouvelle signification peut ne pas connaître les héritiers. Le législateur a prévu cette difficulté : dans ce cas, il suffit que la signification soit faite collectivement aux héritiers, sans qu'il soit besoin d'indiquer leurs noms et qualités.

98 — XXI. **Forme de l'opposition.** L'opposition doit contenir les motifs sur lesquels l'opposant s'appuie pour demander la modification de la taxe ; elle est faite par acte d'avoué à avoué, s'il y a avoué constitué, et, à défaut, dans les formes ordinaires de l'ajournement.

99 — XXII. **Tribunal compétent.** Le tribunal compétent pour statuer sur cette opposition est celui devant lequel la demande en taxe a été portée, c'est-à-dire le tribunal civil de la résidence du notaire, *supra* n° 66 ; ou, s'il s'agit d'un partage judiciaire, le tribunal qui l'a commis, *supra* n°s 67 et 68.

100 — XXIII. **Débats.** Les débats sur l'opposition à l'exécutoire délivré en vertu de la loi du 5 août 1881 devaient avoir lieu en audience publique comme en matière sommaire (Trib. Nevers, 19 août 1884, *Rép. Defrénois*, 2191 ; *Table décennale*, 85). D'après la loi du 24 décembre 1897, art. 4, les débats sur l'opposition à l'ordonnance de taxe doivent avoir lieu en chambre du conseil, sans procédure, le ministère public entendu : la chambre du conseil se trouve donc substituée à l'audience publique. Le législateur a voulu, par une procédure rapide et simple, diminuer dans toute la mesure du possible les frais, et pour bien marquer cette volonté de simplifier la procédure il a cru devoir la formuler dans le texte législatif lui-même par l'addition des mots *sans procédure*. Le rapporteur à la Chambre des députés a fait remarquer avec juste raison que, dans ces sortes d'affaires, les explications, vérifications, discussions, souvent pour des chiffres minimes, sont bien plus facilement produites en chambre du conseil qu'en audience publique.

101 — XXIV. **Jugement.** Le jugement est rendu en audience publi-

que : c'est ainsi qu'il est procédé toutes les fois que les débats ont lieu en chambre du conseil.

102 — XXV. **Exécution provisoire.** Le jugement qui statue sur cette opposition peut ordonner l'exécution provisoire nonobstant appel : car la condamnation repose sur un droit de créance dérivant de l'acte du notaire dont les frais sont contestés; il a donc pour base un titre authentique, et, par application de l'article 135 du Code de procédure, il y a lieu d'en ordonner l'exécution provisoire : c'est ce qui a été décidé à l'égard du jugement rendu à la suite de l'opposition à l'exécutoire : Amiens, 10 août 1881. (*Rép. Defrénois*, 956; *Table décennale*, 85.)

103 — XXVI. **Jugement par défaut.** Si le jugement a été rendu par défaut, il est susceptible d'opposition. On ne saurait, en effet, considérer l'ordonnance de taxe, tant qu'elle n'est pas définitive, comme un jugement (*supra* n° 83), et l'opposition à cette ordonnance n'a d'autre objet que de soumettre le litige au tribunal. Il n'y a en réalité qu'un seul jugement, celui qui a été prononcé par défaut, et le droit de former opposition par la partie défenderesse qui a fait défaut ne nous paraît pas contestable.

104 — XXVII. **Appel.** Le jugement rendu sur l'opposition à l'ordonnance de taxe est susceptible d'appel, du moment que la somme en litige dépasse 1.500 francs, quel que soit le montant de la demande. Par conséquent, bien que la demande en payement des frais s'élève à plus de 1.500 francs, il ne peut être fait appel du jugement du moment que la contestation, d'après les conclusions réciproques des parties, porte sur une somme inférieure à 1.500 francs. (Cass., 24 octobre 1893; 1er mai 1897; *Rép. Defrénois*, art. 7453, 9649.)

105 — XXVIII. **Effets.** L'exécutoire après taxe, délivré en vertu de la loi du 5 août 1881, constituait un acte de pur commandement, un titre tout à fait provisoire permettant uniquement les poursuites, et une simple opposition en empêchait l'exécution. La jurisprudence en avait conclu que cet exécutoire ne faisait pas courir les intérêts, n'interrompait pas la prescription et n'emportait pas hypothèque judiciaire. Nous avons vu que l'ordonnance de taxe qui est substituée à l'exécutoire a à certains égards les mêmes caractères, *supra* nos 81, 83 ; mais en obligeant à former opposition dans un certain délai, il en résulte que, s'il n'est pas formé opposition dans ce délai, elle devient définitive et elle produit les mêmes conséquences qu'un véritable jugement. C'est pour ces motifs que le législateur a cru pouvoir attribuer à l'ordonnance de taxe les effets que la jurisprudence avait refusés à l'exécutoire.

106 — XXIX. **Intérêts, prescription.** L'ordonnance de taxe, dûment signifiée, a pour effet *ipso facto* de faire courir les intérêts et d'interrompre la prescription : on a fait remarquer avec juste raison

que ces effets étaient attachés à l'assignation en payement. C'est du jour de la signification de l'ordonnance de taxe que les intérêts prennent cours et que la prescription est interrompue.

107 — **XXX. Hypothèque judiciaire.** La question de savoir si l'ordonnance de taxe devenue définitive devait permettre de prendre inscription d'hypothèque judiciaire a été longuement discutée devant le Sénat. Dans un premier rapport la Commission avait été d'avis qu'il n'y avait pas lieu de conférer cet effet à l'ordonnance de taxe. Voici les motifs invoqués par le rapporteur :

108 — « Il s'est trouvé d'abord quelques membres opposés au principe même de l'hypothèque judiciaire, disposés, le moment venu de discuter cette question d'un ordre plus général, à demander qu'elle disparaisse de l'organisation de notre régime hypothécaire. Il va de soi que ceux-ci ne pouvaient admettre que la vertu de conférer un pareil droit appartînt à la simple ordonnance d'un juge taxateur. — D'autres ont été d'avis que, s'il n'y a pas lieu d'examiner en ce moment les raisons qui militent pour ou contre le maintien du principe de l'hypothèque judiciaire légalement conférée, il convenait de ne pas en étendre l'application au delà des limites qui lui sont actuellement tracées par la loi. — D'autre part, on s'est dit que les poursuites relatives au recouvrement de frais s'appliquent le plus souvent à des sommes modiques ; que les officiers publics ou ministériels ont l'habitude et souvent le devoir, imposé par des règlements intérieurs précis, de réclamer des clients dont ils soupçonnent la solvabilité des provisions qui les mettent à l'abri de découverts importants ; qu'à côté de cet intérêt généralement minime, il convenait de placer les frais qu'entraîneraient les formalités de l'inscription, l'obligation ultérieure d'en obtenir une mainlevée authentique, la complication des états hypothécaires à délivrer par les conservateurs, la difficulté des procédures d'ordre, etc... Toutes ces raisons ont déterminé votre commission à refuser le droit d'hypothèque judiciaire à la taxe exécutoire délivrée par le juge. »

109 — Mais M. le ministre de la justice soutint devant la commission l'opinion contraire. D'après lui, l'hypothèque judiciaire pouvait en droit être conférée à la taxe devenue définitive. Il considérait que ce droit à l'hypothèque judiciaire était un corollaire indispensable des solutions qui font l'objet principal de la loi, et que cette mesure était de nature à faciliter les règlements et à éviter des frais que pourraient être tentés de faire les notaires, avoués et huissiers désireux d'obtenir un jugement comportant ce droit d'hypothèque. S'il y a opposition à la taxe, a-t-on dit encore, il interviendra un jugement. L'hypothèque judiciaire en sera la conséquence. Pourquoi ne pas conférer le même droit aux créanciers quand la taxe sera devenue un titre définitif ayant, comme force d'exécution, les qualités d'une décision judiciaire ? On a

encore fait observer que l'avoué qui aurait fait taxer ses frais dans le jugement ou l'arrêt se trouvera investi par cela même du droit à l'hypothèque judiciaire et qu'il serait injuste d'en priver l'avoué qui n'aurait pas pris cette précaution, et les notaires et huissiers qui n'ont pas ce moyen à leur disposition.

110 — La commission du Sénat se rangea en dernier lieu à cette opinion et admit que l'ordonnance de taxe emportait hypothèque judiciaire.

111 — XXXI. **Inscription.** L'hypothèque judiciaire résulte de l'ordonnance de taxe, mais l'inscription ne peut être prise valablement qu'après l'expiration du délai d'opposition : le législateur a voulu par ce moyen éviter les surprises, les frais inutiles, les vexations.

112 — Mais quelles sont les pièces à produire au conservateur des hypothèques pour prendre cette inscription ? Le conservateur doit prendre inscription sur la simple production de l'ordonnance de taxe ; car c'est de cette ordonnance même que résulte le droit de prendre hypothèque judiciaire, et le conservateur n'est pas juge de sa validité ; par conséquent il ne saurait demander d'autres justifications, notamment la signification de l'ordonnance, un certificat de non-opposition, ni appel. C'est ce qui résulte du rapport de M. Bisseuil au Sénat. Le mot *valablement*, qui n'existait pas dans le texte primitif, a été ajouté dans le but d'éviter toute difficulté sur ce point. Voici les passages du rapport de M. Bisseuil qui concernent cette question importante :

113 — « L'article 4, dans la dernière de ses dispositions, provoque enfin une critique d'une gravité particulière. Nous y lisons : « L'ordon-
» nance de taxe vaut titre exécutoire. Elle emporte hypothèque judiciaire,
» mais elle ne pourra être exécutée et l'inscription ne pourra être prise
» qu'après l'expiration du délai d'opposition. » Ce texte, alors surtout qu'on le rapproche du 3° de l'article 5 dont il sera ci-après parlé, pourrait engendrer les plus graves difficultés dans les rapports de l'inscrivant avec le conservateur des hypothèques. Dès lors que l'inscription *ne peut être prise* (il est bon de remarquer cette formule générale et impérative) qu'après l'expiration du délai d'opposition il ne semble pas douteux qu'ayant à couvrir sa responsabilité le conservateur des hypothèques serait fondé à exiger la production de pièces de procédure constatant que l'ordonnance de taxe et l'état taxé ont été signifiés et que le délai d'opposition est expiré. De là naîtraient des complications et des frais qui ne peuvent entrer dans les vues du législateur. — Il faut donc qu'il soit bien entendu que l'interdiction du droit d'inscrire l'hypothèque judiciaire avant l'expiration des délais d'opposition n'a d'effet qu'entre le créancier et le débiteur et jamais entre l'inscrivant et le conservateur, celui-ci ne pouvant exiger que la production du titre en conformité de l'article 2148 du Code civil, sans avoir à se faire juge de l'autorité qui

peut s'attacher à ce titre, au point de vue de l'expiration des délais d'opposition. — A cet effet, il convient d'apporter au texte de la Chambre des députés une légère modification qui fera disparaître toute difficulté d'interprétation. — Nous vous proposons, en conséquence, de rédiger le dernier paragraphe de l'article 4 comme suit : « L'ordonnance de taxe » vaut titre exécutoire ; elle emporte hypothèque judiciaire, mais elle ne » pourra être exécutée et l'inscription ne pourra être prise valablement, » qu'après l'expiration du délai d'opposition. » — Cette expression « vala- » blement » insérée dans le texte témoignera que le conservateur doit rester étranger à tout débat relatif à la méconnaissance possible, de la part de l'inscrivant, des obligations que notre loi spéciale lui impose. — L'inscription devra donc être prise par le conservateur sur la seule production du titre. Mais au regard de l'inscrivant et du débiteur, elle sera frappée de nullité si elle est prise avant l'expiration du délai de l'opposition. »

114. — XXXII. **Exécution**. L'ordonnance de taxe ne peut être exécutée qu'autant qu'elle est devenue définitive par suite de l'expiration du délai d'opposition : c'est seulement à partir de ce moment qu'il peut être fait commandement au débiteur à l'effet de payer les frais dus au notaire et que celui-ci peut procéder à la saisie des biens.

115 — **Art. 5.** Les mêmes règles s'appliquent aux frais, non liquidés par le jugement ou l'arrêt, réclamés par un avoué, distractionnaire des dépens, contre la partie adverse condamnée à les payer.

116 — Toutefois, en ce cas :

117 — 1° Le délai d'opposition ne sera pas augmenté à raison des distances, si le jugement ou l'arrêt sur le fond est contradictoire ;

118 — 2° L'appel ne sera recevable que s'il y a appel de quelque disposition sur le fond ;

119 — 3° L'ordonnance de taxe pourra être exécutée dès qu'elle aura été signifiée et l'inscription de l'hypothèque judiciaire pourra être valablement prise même avant la signification.

120 — L'exécution de l'ordonnance de taxe sera suspendue s'il y est fait opposition ou si la décision sur le fond est frappée d'opposition ou d'appel.

121 — XXXIII. **Avoué ; distraction des dépens.** L'article 5 prévoit un cas spécial : c'est celui où des frais sont dus à un avoué en vertu d'un jugement ou d'un arrêt de condamnation portant distraction des frais à son profit contre le client de son adversaire, alors que ces frais n'ont pas été liquidés par le jugement ou l'arrêt. L'ordonnance de taxe est soumise aux mêmes règles, sauf sur trois points :

122 — 1° Lorsque le jugement ou l'arrêt est contradictoire, le délai d'opposition n'est pas augmenté à raison des distances, *supra* n° 89.

123 — 2° — Pour que l'appel sur l'ordonnance de taxe soit admissible, il faut qu'il ait été fait appel de quelque disposition sur le fond.

124 — 3° L'avoué pourra exécuter l'ordonnance de taxe sans attendre que le délai d'opposition soit expiré ; et l'inscription d'hypothèque judiciaire sera valable alors même qu'elle aurait été prise avant la signification de l'ordonnance. Voici les motifs donnés par M. Paul Bertrand, rapporteur à la Chambre des députés, pour justifier cette exception : « Dans ce cas, pourquoi ne pas admettre d'inscrire l'hypothèque avant l'expiration du délai d'opposition ? Que peut-on redouter de la part de l'avoué créancier ? Le jugement de condamnation est, en réalité, son véritable titre exécutoire : la créance existe, et l'ordonnance de taxe en fixe simplement l'importance. Avec le texte du Sénat, un avoué, créancier de frais, en matière ordinaire, en vertu d'un jugement qui a prononcé la distraction des dépens à son profit, pourrait être exposé à prendre moins facilement une hypothèque que s'il était créancier en vertu d'un jugement en matière sommaire et liquidant les dépens. Pourquoi ? En matière de jugement ordinaire de condamnation, les délais d'opposition et d'appel n'empêchent pas le créancier de faire inscrire son hypothèque à ses risques et périls. D'ailleurs, la solution n'a réellement d'importance que lorsque le procès roule sur une question d'état ou une matière réelle. S'il s'agit, en effet, d'une condamnation à une somme d'argent, il est toujours possible, en inscrivant l'hypothèque judiciaire, de mentionner pour mémoire un article relatif aux frais. »

125 — L'ordonnance de taxe étant une conséquence du jugement, son exécution se trouve suspendue, en cas d'opposition ou d'appel ; c'est ce que constate l'article 5 *in fine*.

CHAPITRE V

DISPOSITIONS DIVERSES

126 — **Art. 6.** La présente loi est applicable aux payements et règlements effectués, aux actes passés et aux frais faits antérieurement à sa promulgation.

127 — I. **Effet rétroactif.** L'article 6 n'est que la reproduction sous une forme un peu différente de l'article 5 de la loi du 5 août 1881. Bien que la loi du 24 décembre 1897 ne touche pas à la durée des prescriptions fixées par la loi du 5 août 1881, il a paru nécessaire au législateur de faire bénéficier tous les règlements ou frais faits antérieurement à la promulgation de cette loi, des avantages qui en résultent.

128 — **Art. 7.** La loi du 5 août 1881 est abrogée.

129 — L'article 30 de la loi du 22 frimaire an VII, l'article 51 de la loi du 25 ventôse an XI et les décrets du 16 février 1807 sont abrogés dans celles de leurs dispositions qui sont contraires à la présente loi.

130 — II. **Abrogation.** L'article 7 est relatif aux dispositions abrogées par la loi du 24 décembre 1897 ; la loi du 5 août 1881, qui est complétée et modifiée par la loi nouvelle, est abrogée d'une façon expresse.

131 — III. **Exécutoire du juge de paix.** L'article 30 de la loi du 22 frimaire an VII est relatif à l'exécutoire délivré par le juge de paix pour le remboursement au notaire des droits d'enregistrement qu'il

a avancés. D'après l'article 7, cet article est abrogé dans celles de ses dispositïons qui sont contraires à la loi du 24 décembre 1897. Faut-il en conclure que cet exécutoire est supprimé et qu'il faille recourir à la voie de l'ordonnance de taxe pour obtenir le remboursement de frais d'enregistrement avancés ? Le législateur ne s'est nullement expliqué sur ce point : c'est la commission du Sénat qui a ajouté l'article 7, et le rapporteur s'est borné à paraphraser le texte de cet article en disant que les dispositions de l'article 30 de la loi du 22 frimaire an VII se trouvaient abrogées, en ce qu'elles avaient de contraire au texte en discussion. D'ailleurs, dans la discussion, il n'a jamais été question de cet exécutoire tout spécial auquel la loi du 5 août 1881 ne s'appliquait pas. Nous ajouterons que si telle avait été la pensée du législateur, il aurait abrogé d'une façon expresse l'article 30 de la loi de frimaire, au lieu de se borner à une abrogation limitée aux dispositions qui sont contraires à la présente loi. Toutes ces considérations nous amènent à conclure que le législateur n'a pas eu l'intention d'abroger cet exécutoire ; toutefois si les frais d'enregistrement sont compris dans la taxe, les parties débitrices ne sauraient se prévaloir de l'article 30 de la loi de frimaire pour demander que le recouvrement en ait lieu au moyen d'un exécutoire ; c'est à notre avis ce qu'a voulu exprimer le législateur en abrogeant les dispositions de cet article, contraires à celles de la loi du 24 décembre 1897.

132 — IV. **Règlement amiable.** L'article 51 de la loi du 25 ventôse an XI, en tant qu'il concerne le règlement amiable, reste toujours en vigueur ; mais il se trouve modifié par les dispositions de l'article 3 de la loi du 24 décembre 1897 à l'égard des bases de ce règlement et au point de vue de la taxe ; il en est de même de l'article 173 du tarif du 16 février 1807. La Chambre des députés avait en outre abrogé l'article 60 du Code de procédure civile, suivant lequel les demandes formées pour frais par les officiers ministériels sont portées au tribunal où les frais ont été faits. Mais au Sénat, le rapporteur demanda que cet article ne fût pas abrogé : « Nous avons dû constater, dit-il, que cet article 60 ne s'appliquait pas aux questions sur lesquelles nous entendons légiférer ; il s'applique à la compétence du tribunal civil en ce qui concerne le recouvrement des frais de justice. Nous n'entendons nullement toucher à cette compétence. Nous avons voulu supprimer en ces matières l'action directe devant le tribunal, mais nous n'avons pas voulu toucher à sa compétence. Il y avait donc lieu de ne pas viser dans l'article 7 cet article 60, et nous demandons qu'il n'y soit pas visé. » Le Sénat se rangea à cette opinion et la Chambre des députés admit cette modification.

133 — ART. 8. La présente loi est applicable à l'Algérie et aux colonies.

134 — **V. Algérie ; colonies**. La loi du 5 août 1881, par l'article 6, avait été déclarée applicable à l'Algérie et aux colonies ; comme cette loi est abrogée, il était nécessaire de rendre applicable la loi qui la remplace à l'Algérie et aux colonies ; car, ainsi que l'a fait remarquer le rapporteur à la Chambre des députés, elles n'auraient plus été régies par la loi de 1881, puisqu'elle était abrogée, ni, à défaut de texte formel, par la loi nouvelle.

135 — En ce qui concerne les colonies, la loi n'y est applicable que sous les modifications admises par la jurisprudence à l'égard du caractère de la taxe ; ainsi, pour les colonies de la Martinique, de la Guadeloupe et de la Réunion, il a été jugé que la taxe judiciaire n'y est pas d'ordre public et que par suite le règlement amiable intervenu entre le notaire et les parties met obstacle à toute demande ultérieure de recours à la taxe du président de tribunal (voir un jugement du tribunal de Fort-de-France du 31 janvier 1880). La loi du 24 décembre 1897 n'apporte point de modification à la législation concernant le règlement amiable des frais et laisse intactes les règles spéciales qui peuvent exister à l'égard des notaires des colonies.

FORMULES

I. État de frais.

État de frais dus à Mᶜ..., notaire, par M. Dulong (Henri-Louis), propriétaire, demeurant à....

Vente par M. Canpon (Louis), suivant acte du 25 février 1898, moyennant 8.000 francs.

Timbre minute.	3	60
Enregistrement	550	» »
Timbre expédition	7	20
Timbre grosse	7	20
Transcription	18	60
États et certificats sur transcription	14	50
Vacation à faire transcrire	6	» »
Honoraires.	80	» »
Rôles de grosse et expédition	32	» »
Timbre du présent état	»	60
Ensemble	719	70

Certifié véritable par Mᶜ..., le... 189...

(Signature.)

Vu par le président de la Chambre des notaires de l'arrondissement de... qui certifie le présent état conforme au tarif.

A... le... 189...

(Signature.)

II. Autre état des frais.

État des honoraires et déboursés dus à Mᶜ..., notaire, par M. Poussin (Louis-Paul), propriétaire, demeurant à...

	DÉBOURSÉS	HONORAIRES	TOTAUX
17 juin 1897. Obligation de 10,000 fr. au profit de M. RENAUT et quittance subrogative par M. MOURIEZ.			
Timbre minute.	5 40		
Timbre grosse.	10 80		
Timbre de l'extrait pour subroger.	1 80		
Timbre des bordereaux.	1 20		
Enregistrement	125 »		
Coût de l'inscription	20 80		
Des états et certificats	12 60		
De la subrogation	1 60		
Honoraires.		100 »	
Rédaction des bordereaux.		10 »	
Rôles de la grosse		24 »	
Rôles de l'extrait pour subroger.		8 »	
Vacations à faire transcrire et subroger.		6 »	
Ensemble	179 20	148 »	327 20
12 novembre 1897. Partage anticipé par M. et Mme POUSSIN, entre leurs enfants, demeuré imparfait par suite d'un désaccord survenu au moment de la signature.			
Timbre employé.	10 80		
Honoraires de rédaction		150 »	160 80
Timbre du présent état.			» 60
Total			488 60

Certifié véritable par M°... le... 189...

(Signature.)

Vu par le président de la chambre des notaires de l'arrondissement de..., qui certifie le présent état conforme au tarif.

A...., le... 189...

(Signature.)

III. Ordonnance de taxe.

Nous, président du tribunal civil de première instance de....,

Vu les actes mentionnés en l'état de frais qui précède; le décret du 13 fév. 1807, art. 173; la loi du 24 déc. 1897, art. 3, et l'avis de M. le président de la chambre des notaires de...,

Avons fixé les déboursés et honoraires dus pour les actes relatés dans l'état de frais qui précède, à la somme de quatre cent quatre-vingt-huit francs soixante centimes, et ordonnons que la présente taxe sera exécutoire.

En conséquence, mandons et ordonnons, etc. (copier la formule exécutoire).

Au palais de justice à..., le vingt janvier mil huit cent quatre-vingt-dix-huit.

(Signature du président.)

IV. Signification de l'ordonnance de taxe

(Copie de l'état détaillé des frais et de l'ordonnance de taxe revêtue de la formule exécutoire :)

L'an mil huit cent quatre-vingt-dix-huit, le vingt-cinq janvier.

A la requête de M°..., notaire à la résidence de..., où il demeure, ayant pour avoué constitué M°..., qui exerce près le tribunal civil de..., résidant en cette ville.

J'ai..., huissier près le tribunal civil de..., exerçant à....

Signifié, et en tête des présentes donné copie, d'une ordonnance rendue par M. le président du tribunal civil de... à la date du vingt janvier présent mois, par laquelle ce magistrat a taxé les frais dus à M°..., par M. Poussin, ci-après nommé et déclaré cette taxe exécutoire.

A M. Poussin (Louis-Paul), propriétaire, demeurant à..., parlant à sa personne.

1° Trois cent vingt-sept francs vingt centimes, pour un acte du dix-sept juin mil huit cent quatre-vingt-dix-sept, contenant obligation au profit de M. Renaut et quittance subrogative par M. Mouriez, ci   327   20

2° Cent soixante francs quatre-vingts centimes, pour le coût d'un partage anticipé préparé, du douze novembre mil huit cent quatre-vingt-dix-sept, ci.   160   80

3° Et cinq francs soixante centimes, pour le timbre du mémoire et le coût de l'ordonnance de taxe, ci.   6   50

Ensemble quatre cent quatre-vingt-treize francs soixante centimes   493   60

Au paiement de laquelle somme M. Poussin sera contraint par les voies de droit.

Et je lui ai déclaré qu'à défaut de former opposition, dans le délai de quinze jours, à l'ordonnance de taxe signifiée, elle deviendra définitive.

Et j'ai remis à M. Poussin, parlant comme dessus, une copie des présentes.

V. Bordereau d'inscription d'hypothèque judiciaire

Inscription est requise au bureau des hypothèques de...

Au profit de M°..., notaire, demeurant à...

Pour lequel domicile est élu à...

Contre M. Poussin (Louis-Paul), propriétaire, demeurant à...

En vertu d'une ordonnance de taxe rendue par M. le président du tribunal civil de... le... signifiée à M. Poussin, le... par exploit de M°..., huissier près le tribunal, exerçant à...

     Pour sûreté de :

1° La somme de... montant en principal de l'ordonnance de taxe sus-relatée, laquelle somme actuellement exigible, est productive d'intérêts à 5 p. 100 à partir du... jour de la signification de l'ordonnance, ci . . . .   »»   »»

2° Des intérêts conservés par la loi. . . . .   Mémoire

3° Des frais de mise à exécution et autres évalués approximativement à..., ci . . . .   »»   »»

Total, sauf l'article porté pour mémoire . . . .   »»   »»

Sur tous les immeubles présents et à venir de M. Poussin, situés dans le ressort du bureau des hypothèques de...

TABLE ALPHABÉTIQUE

OUVRAGES DE M. DEFRÉNOIS

PUBLIÉS PAR L'ADMINISTRATION DU RÉPERTOIRE GÉNÉRAL PRATIQUE DU NOTARIAT

40, RUE D'ASSAS, 40

I. — **Répertoire général pratique du Notariat de France et d'Algérie**, recueil bimensuel, divisé en quatre parties : 1° jurisprudence et pratique notariale ; — 2° législation commentée ; — 3° formules d'actes ; — 4° bulletin parlementaire, — paraissant les 15 et 30 de chaque mois, depuis l'année 1881. — Abonnement annuel : **16** francs, en un mandat postal. — Ce recueil contient : Tous les arrêts et jugements (600 par an) ; — Les lois et décrets commentés ; — Des formules inédites d'actes notariés ; — De nombreuses dissertations et observations pratiques ; — Les nominations de notaires ; — Un tableau exact et complet du cours de la Bourse ; — Une table de concordance permanente, donnant instantanément l'état de la jurisprudence sur toute question, etc.

II. — **Traité pratique et Formulaire général du Notariat de France et d'Algérie**, suivant une méthode nouvelle, plaçant la formule à côté de l'explication théorique. 7° édition, entièrement refondue et considérablement augmentée, comprenant 12584 numéros d'explication et 1900 formules. 5 forts volumes grand in-8°, au courant de la législation (1897). Prix : *franco*, brochés, 60 fr. ; reliés. . . . **75 fr.**

III. — **Traité-formulaire des Partages d'ascendants entre vifs et testamentaires.** Extrait de la 7° édition du *Traité-Formulaire général du Notariat* (300 numéros d'explication et 40 formules). Brochure grand in-8° (1891). Prix : broché, 4 fr. ; relié . . **5 fr.**

IV. — **Traité-Formulaire des Contrats de mariage.** Extrait de la 7° édition du *Traité-Form. gén. du Not.* Brochure grand in-8° (1892). Prix : broché, 4 fr. ; relié . . . . **5 fr.**

V. — **Traité-Formulaire des Déclarations de succession et des Droits de mutation par décès.** Extrait de la 7° édition du *Traité-Form. gén. du Not.* Brochure grand in-8° (1892). Prix : broché, 4 fr. ; relié . . . . **5 fr.**

VI. — **Table décennale, méthodique et analytique,** comprenant le résumé de toutes les matières ayant paru dans le Répertoire, de 1881 à 1890. Prix : broché, 10 fr. ; relié. . . . . . **12 fr. 50.**

VII. — **Législation commentée de 1880 à 1895.**
Tome I. 1880 à 1885. Prix : 8 fr. ; rel. **10 fr. 50**
Tome II. 1886 à 1890. Prix : 8 fr. ; rel. **10 fr. 50**
Tome III. 1891 à 1895. Prix : 8 fr. ; rel. **10 fr. 50**

VIII. — **Formules d'actes annotées de 1880 à 1895.**
Tome I. 1880 à 1890. Prix : 8 fr. ; rel. **10 fr. 50**
Tome II. 1891 à 1895. Prix : 6 fr. ; rel. **8 fr. 50**

IX. — **Traité pratique et Formulaire des Liquidations et Partages de :** Successions ; — Sociétés ; — Sociétés d'acquêts ; — Reprises après renonciation et séparations de biens ; — Restitutions de dots, etc. — 2 très forts volumes grand in-8° à 2 col. 3° édition (1895). Prix : brochés, 24 fr. ; reliés. **29 fr.**

X. — **Traité et Formulaire (en regard) des Scellés** et de l'Inventaire. 4° édition, un vol. in-8° (1897). Prix : *franco*, 6 fr. broché ; relié toile. . **6 fr. 75**

XI. — **Traité et Formulaire des Testaments authentiques, mystiques et olographes, et des Legs.** 3° édition (1889) entièrement refondue et considérablement augmentée. 539 numéros d'explication et 150 Formules. — 1 volume grand in-8°, format portatif. Prix : *franco*, 4 fr. ; avec reliure anglaise . . . . **4 fr. 75**

XII. — **Commentaire pratique de la Loi du 27 février 1880,** relative à l'aliénation des valeurs mobilières appartenant aux mineurs et aux interdits, et à la conversion de ces mêmes valeurs en titres au porteur, AVEC FORMULES, 2° édition (1887). — Brochure grand in-8°. — Prix : *franco* . . . . **2 fr.**

XIII. — **Commentaire pratique de la Loi sur les Ventes judiciaires d'immeubles du 23 octobre 1884.** Brochure grand in-8°, 3° édition (1891), AVEC 16 FORMULES. Prix : *franco*. . . . . **2 fr.**

XIV. — **Commentaire pratique des Lois des 27 juillet 1884 et 18 avril 1886 sur le Divorce et la Séparation de corps.** Un volume grand in-8°, relié, 3° éd. (1887), AVEC 16 FORMULES. Prix : *franco*. **6 fr. 50**

XV. — **Commentaire pratique des Lois des 23 mars 1855, art. 9, et 13 février 1889,** relatives à la renonciation par la femme à son hypothèque légale, AVEC 27 FORMULES. Brochure grand in-8° (1890). Prix : *franco* . . . . **3 fr.**

XVI. — **Commentaire pratique des Décrets des 30 janvier et 2 février 1890 sur le Notariat,** AVEC 22 FORMULES. Brochure grand in-8° (1890). Prix : *franco* . . . . **3 fr.**

XVII. — **Commentaire pratique de la Loi du 1ᵉʳ août 1893, sur les Sociétés par actions,** AVEC 7 FORMULES. Brochure grand in-8° de 84 pages (1893). Prix : *franco*. . . . . **2 fr.**

XVIII. — **Notice sur la tenue des Registres officiels de la comptabilité notariale.** Brochure in-16 jésus, avec quatre tableaux in-4° raisin, 3° édition (1891), revue et augmentée. Prix : *franco*. . . **1 fr. 50**

OUVRAGES DE M. CH. DEFRÉNOIS

I. — **Traité du Contrat d'assurance sur la Vie,** AVEC 30 FORMULES. 1 vol. in-8°, avec supplément (1897). Prix : 6 fr. ; avec reliure en basane . . **7 fr. 25**

II. — **Traité des Droits d'hérédité entre Epoux.** Commentaire pratique de la loi du 9 mars 1891, AVEC 18 FORMULES. 1 volume in-8°, 4° édition (1895). Prix . . . . **2 fr. 50**

III. — **Commentaire pratique de la Loi du 25 mars 1896 sur les Droits d'hérédité des Enfants naturels,** AVEC 24 FORMULES. 1 volume in-8° (1896) Prix . . . . **3 fr.**

IV. — **Du Contrat d'assurance sur la Vie entre Epoux.** Brochure grand in-8° (1897). Prix : *franco* . . . . **2 fr.**